DIESES BUCH GEHÖRT:

MEIN TRAUMVEREIN:

© Nadine Rupp

Thomas Müller wurde 1989 in Weilheim geboren und spielt seit dem Jahr 2000 beim FC Bayern München, mit dem er Champions-League-Sieger und mehrmals Deutscher Meister und Pokalsieger geworden ist. 2014 hat er mit der deutschen Nationalmannschaft die Fußball-Weltmeisterschaft in Brasilien gewonnen. 2018 ist sein erstes Kinderbuch im Verlag Friedrich Oetinger erschienen.

© Privat

Julien Wolff, 1983 in Hamburg geboren, arbeitet als Sportjournalist für die Zeitungen „Die Welt" und „Die Welt am Sonntag" und berichtet über den FC Bayern und die Nationalmannschaft. Er lebt in München.

© Privat

Jan Birck, 1963 in München geboren, arbeitete nach dem Fachabitur in Gestaltung und einem kurzen Ausflug in die Architektur als Werbeillustrator, Zeichner, Background-Artist und Art Director in der Trickfilmbranche. Er hat zahlreiche Kinderbuch-Bestseller illustriert und geschrieben und lebt mit seiner Familie in München.

Thomas Müller

MEIN WEG IN DIE STARTELF

In Zusammenarbeit mit
Julien Wolff

Mit Bildern von
Jan Birck

Verlag Friedrich Oetinger · Hamburg

Inhalt

1. Der neue Verein 9
2. Aller Anfang ist schwer 13
3. Auf der Ersatzbank 17
4. Trainieren bis zum Umfallen 22
5. Geht der rein? 30

Rätsel- und Spielewelt 46

Hallo Leute!

Ich bin's wieder, euer Thomas.

Das ist jetzt schon
mein zweites Buch für euch.

Im ersten habe ich erzählt,
wie ich es als Junge
zu meinem Traumverein
geschafft habe.

Jetzt erfahrt ihr,
wie es danach
für mich weiterging.
Ich musste mich gegen
sehr gute Spieler durchsetzen.

Manchmal saß ich nur
auf der Ersatzbank.
Ich lernte einen
tollen Freund kennen.
Und ich schoss
ein ganz besonderes Tor.

Ich wünsche euch viel Spaß
mit meinem Buch.

Alles Gute! Und bleibt sportlich!

Euer Thomas

1. Der neue Verein

Ich kann es immer
noch nicht fassen.
Mein Traumklub aus München
will mich wirklich haben.
Mich.
Den Thomas aus Pähl.

Mama und Papa reden zu Hause
viel über das Angebot des Vereins.
„Die Schule ist das Wichtigste.
Und das soll auch so bleiben“,
sagt Papa mir.

Nach ein paar Tagen
erlauben sie mir aber,
zu meinem Traumverein
zu wechseln.
Ich strahle und umarme sie.
Und muss ihnen versprechen,
weiterhin immer
meine Hausaufgaben
zu machen.
Nach der Schule kann ich jetzt
nur noch kurz nach Hause.
Schnell Mittag essen und dann
gleich weiter nach München.
Zum Training.

Meine Freunde aus der Schule
sehe ich jetzt kaum noch.

Die Hausaufgaben
mache ich im Zug.
Manchmal schlafe ich
auch kurz ein.
Aber für das Training
bin ich natürlich wieder hellwach.

2. Aller Anfang ist schwer

Die Spieler im neuen Verein
sind echt richtig gut!
Einige von ihnen
kenne ich von Turnieren.

In diesem Sommer
hat mein neuer Verein
die besten Spieler
aus Bayern geholt.

Im Training geht es jetzt
richtig zur Sache.

Es ist viel anstrengender
als bei meinem alten Klub.
In Pähl war ich der beste Stürmer.
Doch hier klebt den anderen
der Ball noch mehr
am Fuß als mir.

Im abschließenden Trainingsspiel
köpfe ich viel.
Auch ein Tor.
Kurz vor Schluss muss ich
eigentlich noch eins machen.
Doch obwohl ich frei stehe,
schieße ich über die Latte.

„Macht nichts, Thomas!
Das passiert doch jedem mal!“,
ruft mir unser Torwart Martin zu.
Er ist echt nett
und mein bester Freund
in der Mannschaft.

3. Auf der Ersatzbank

Vor unserem ersten Spiel
ruft unser Trainer uns
in der Kabine zusammen.

Er geht die Aufstellung durch.
Mein Name ist nicht dabei.
Ich bin also erst mal nur draußen.
Ersatzspieler.
Das finde ich richtig blöd!

Die Auswechselbank
ist hart und kalt.
Ich sitze im roten
Trainingsanzug da
und beiße mir auf die Lippe.
Weil ich so wütend bin.

Wir gewinnen 3:0.
Ich bin nicht sauer auf die Jungs
aus meiner Mannschaft,
die spielen dürfen.
Ich ärgere mich über mich selbst.
Ich hätte einfach besser
trainieren müssen.

Am Ende der Saison
wird unser Trainer
zwei Spieler aussortieren.
So läuft das
in den großen Vereinen.
Das habe ich mitbekommen.
Ich habe Angst,
dass ich nach der Saison
wegmuss.
Bin ich wirklich gut genug
für meinen Traumverein?

Nach dem Spiel
gehe ich mit den anderen Jungs
Richtung Kabine.

Martin sieht mir an,
dass ich schlecht drauf bin.
„Gib nicht auf, Thomas!
Du bist ein super Spieler.
Deine Chance wird kommen.
Ganz sicher“, sagt er.

4. Trainieren bis zum Umfallen

Vor dem Training
am nächsten Tag
nehme ich mir etwas vor.
Ich will heute
besonders genaue Pässe spielen.
Und mutig sein.

Auch mal selbst
auf das Tor schießen.
Auch mal dribbeln,
wenn Platz da ist.
Wie früher bei unserem
kleinen Verein in Pähl.
Und es klappt!
Ich trainiere richtig gut
und bin danach so kaputt,
dass ich kaum noch laufen kann.

Trotzdem bleibe ich
nach dem Training
noch einige Minuten draußen.
Martin auch.
Er ist ein klasse Torwart.

Wir üben Elfmeterschießen.
Ich will einfach
unbedingt besser werden!

Am Wochenende haben wir
unser nächstes Spiel.
Wird unser Trainer mich
dieses Mal spielen lassen?

Am Abend trainiere ich
zu Hause weiter.
Obwohl ich so erledigt bin.

Gegen meinen Bruder Simon
spiele ich im Keller
Eins-gegen-Eins.
Mit einem Schaumstoffball.
Weil Mama Angst hat,
dass wir mit einem Lederball
alles kaputt schießen würden.
Da hat sie wahrscheinlich recht!

Ich ziehe immer nur mit links ab.
Obwohl ich Rechtsfuß bin.
Ich mache das,
damit mein linker Fuß stärker wird.
Simon und ich liefern uns
ein packendes Spiel.

Danach falle ich todmüde ins Bett.
Nachts habe ich einen Traum:
Unser Trainer wechselt mich ein –
und ich schieße das Siegtor!

5. Geht der rein?

„Hoffentlich wird mein Traum
heute wahr!“,
denke ich beim Aufstehen.
Wir spielen am Nachmittag
gegen den zweitgrößten
Verein der Stadt.

Mama und Papa fahren mich
nach München.
Ich bin nervös.
Ich will heute unbedingt spielen.

Doch ich sitze
wieder nur draußen.
So ein Mist.
Ich bin wahnsinnig enttäuscht.
Ich habe doch so gut trainiert.
Und trotzdem bin ich
wieder nur Ersatzspieler.

Die Tribüne ist voll.
Es ist unglaublich laut.
Unser Gegner trägt
blau-weiße Trikots
und spielt richtig gut.
Zur Halbzeitpause
liegen wir 0:1 zurück.
„Thomas, lauf dich warm“,
sagt mir unser Trainer plötzlich.
„Du kommst gleich rein.
Diese Chance hast du dir verdient.
Gib alles!“

Endlich!
Mein Freund Martin hatte recht:
Jeder bekommt seine Chance.
Man muss nur geduldig sein
und darf nicht aufgeben.

In Pähl haben wir immer
auf Kleinfeld gespielt.
Die Saison vor meinem Wechsel
war die letzte in der E-Jugend.
Jetzt in der U12 spielen wir
zum ersten Mal auf Großfeld.
Der Kunstrasenplatz
kommt mir riesig vor.

Unser Trainer stellt mich
im halbrechten Mittelfeld auf.
Ich will zeigen,
dass er sich auf mich verlassen kann.
Und die Mannschaft auch.
Ich schnüre meine Schuhe noch fester.
Jetzt zählt es!

Martin haut einen
langen Abschlag nach vorn.
Ich nehme den Ball mit der Brust an
und lasse zwei Gegenspieler
aussteigen.

Dann stehe ich frei vor dem Tor.
Ich hole aus und will schießen.
Doch in letzter Sekunde sehe ich,
dass unser Stürmer Benny
perfekt in den Strafraum läuft.
Er winkt mir zu.

Ich passe ihm in den Lauf.
Benny schießt volley
in die lange Ecke.
Tor! 1:1!
„Cooler Pass! Danke“,
sagt Benny zu mir.
Wir klatschen ab.

„Super, Thomas! Noch zehn Minuten.
Spielt weiter nach vorn!",
ruft unser Trainer
an der Seitenlinie.
Er rudert wild mit den Armen
und gibt uns Anweisungen.
Die Zuschauer auf der Tribüne
feuern uns an.

Ich grätsche meinem Gegenspieler
auf der rechten Seite den Ball ab.
Und renne los.

Mit einer Körpertäuschung lasse ich
einen Blau-Weißen aussteigen.
Den zweiten Verteidiger tunnele ich.
Dann spiele ich Doppelpass mit Benny.
Ich nehme den Kopf hoch.

Der Torwart steht etwas weit
vor seinem Tor, finde ich.
Ein Verteidiger sprintet auf mich zu.
Ich muss mich jetzt
ganz schnell entscheiden –
weiter dribbeln oder schießen?
Für einen flachen Schuss
ist der Winkel zu spitz.

Ich lupfe den Ball.
Und schaue ihm hinterher.
Alles kommt mir vor wie in Zeitlupe.
Geht der rein?

Der Torwart der Blau-Weißen
fliegt durch die Luft
und streckt seinen Arm aus.
Aber er kommt nicht ran.
Mein Lupfer landet
im Netz. 2:1!

Kurz danach
pustet der Schiedsrichter
in seine Pfeife. Schluss!
Alle aus meiner Mannschaft
springen vor Freude auf mich drauf.
Wir liegen auf dem Rasen
und freuen uns über den Sieg.

Und in den nächsten Spielen
bin ich immer in der Startelf.

ENDE

Willkommen in der LESESTARTER Rätselwelt

Hast du Lust auf noch mehr
Lesespaß?

Dann schau dir die tollen Rätsel
und spannenden Spiele
auf den nächsten Seiten an!

Viel Spaß wünscht dir dein
Thomas

Lösungen auf
Seite 60–61

Lattenschießen

Du brauchst:

1 Schaumstoffball oder Luftballon
1 Schnur
Klebeband
1 Glöckchen

Spanne die Schnur (nicht zu hoch) zwischen einen Türrahmen und befestige das Glöckchen daran. Stelle dich in einiger Entfernung mit dem Ball auf.

Spiel 1:

Du hast 10 Schussversuche. Wie oft triffst du die Schnur, sodass das Glöckchen läutet? Kannst du dich in einem zweiten Durchgang steigern?

Spiel 2:

Spielt zu zweit und schießt abwechselnd. Wer erzielt die meisten Lattenkracher?

Beispiel: 2, 1, 12, 12 → Ball

19, 9, 5, 7 S I E G

12, 1, 20, 20, 5 L A T T E

18, 1, 19, 5, 14 R A S E N

16, 6, 5, 9, 6, 5 P P E i F E

A = 1
B = 2
C = 3
D = 4
E = 5
F = 6
G = 7
H = 8
I = 9
J = 10
K = 11
L = 12
M = 13
N = 14
O = 15
P = 16
Q = 17
R = 18
S = 19
T = 20
U = 21
V = 22
W = 23
X = 24
Y = 25
Z = 26

Entziffere die Zahlenschrift. Ersetze jede Zahl durch einen Buchstaben.

LESESTARTER

Hausaufgaben

Hilf Thomas bei den Hausaufgaben und fülle die Lücken.

Schon vor 4000 Jahren gab es in ___________ ein Spiel, das als Vorläufer des Fußballs gilt.
1848 wurde das ___________ Mal Fußball so gespielt, wie wir ihn ___________ kennen.
Damals bestand eine ______________ noch aus 15 bis 20 ___________ .
Erst ab _________ waren es nur noch 11 Spieler.

Lückenwörter: Spielern, erste, Mannschaft, 1870, China, heute

Aller Anfang ist schwer — Seite ☐

Hallo Leute! — Seite ☐

Am Ende der Saison wird unser Trainer zwei Spieler aussortieren. — Seite ☐

Im Training geht es jetzt richtig zur Sache. — Seite ☐

Thomas Müller wurde am

☐ . ☐ . ☐☐ Weltmeister.

Suche die Seiten, die mit diesen Sätzen beginnen, und notiere die Seitenzahlen.

LESESTARTER

Schulfrage

Löse das Rätsel und erfahre, auf welche Schule Thomas ging.

Eine Kartenfarbe beim Fußball.

☐☐☐☐

Auf Englisch beginnt diese Farbe mit dem Buchstaben ☐.

Name von Thomas' Bruder.

☐☐☐☐☐

Schuss von einem Spieler
zum anderen.

☐☐☐☐

Er stellt die Mannschaft auf:

☐☐☐☐☐☐☐.

Es gibt Abwehr, Mittelfeld und

☐☐☐☐☐.

LÖSUNGSWORT:

☐☐☐☐☐☐☐☐☐

LESESTARTER

Größenfrage

Finde die Wörter heraus. Der Anfangsbuchstabe ist der gleiche wie der der gesuchten Zahl.

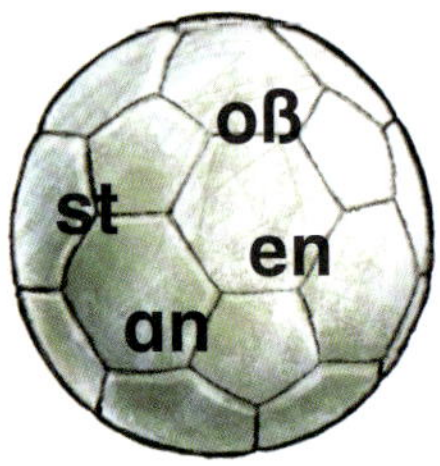

________ ________ ________

Zahlenauswahl: 6 1 5 8 2

Thomas Müller ist _____ cm groß.

Wie heißt Thomas' Freund?

LESESTARTER

Fußball-Snack

Du brauchst:

Cocktailtomaten
Käsestück
schwarze Oliven
Zahnstocher
kleine Mozzarella-Kugeln
Pfefferkörner
evl. Schnittlauch

Deutschland-Spieße:

Schneide den Käse in kleine Würfel. Stecke nun einen Käsewürfel, eine Tomate und eine schwarze Olive auf einen Zahnstocher. Achte auf die richtige Reihenfolge! Wenn du keine Oliven magst, kannst du auch dunkle Weintrauben nehmen.

Mini-Fußbälle:

Nimm eine kleine Mozzarella-Kugel und stecke mehrere Pfefferkörner hinein. Aus Schnittlauch kannst du noch passenden Rasen schnipseln.

Torwart

Ersatzbank

Traumverein

Trainer

Linienrichter

Latte

Halbzeitpause

Foul

Abseitsfalle

Welche 3 Wörter kommen in diesem Buch nicht vor?

Falsche Wörter

LESESTARTER

LESESTARTER

Würfelspiel

Du brauchst:

1 Würfel
2 Spielfiguren
1 Eierbecher
Eieruhr

Stelle den Eierbecher an die dem Fußball gegenüberliegende Buchkante, sodass die Öffnung zu dir zeigt. Dies ist dein Tor.
Stellt nun eure Spielfiguren auf ein beliebiges Feld und würfelt abwechselnd. Eure Figuren können sich frei auf den Linien bewegen, aber nicht zwischen 2 Feldern hin- und herpendeln.
Wer auf einem „Kick-Feld“ landet, darf den Würfel auf den Fußball legen und versuchen, ihn in das „Tor“ zu schnipsen. Gelingt dies, so notiert sich der Spieler die Punkte, die der Würfel im Becher anzeigt.
Für dieses Spiel habt ihr 5 Minuten Zeit. Wer erreicht die höhere Punktzahl?

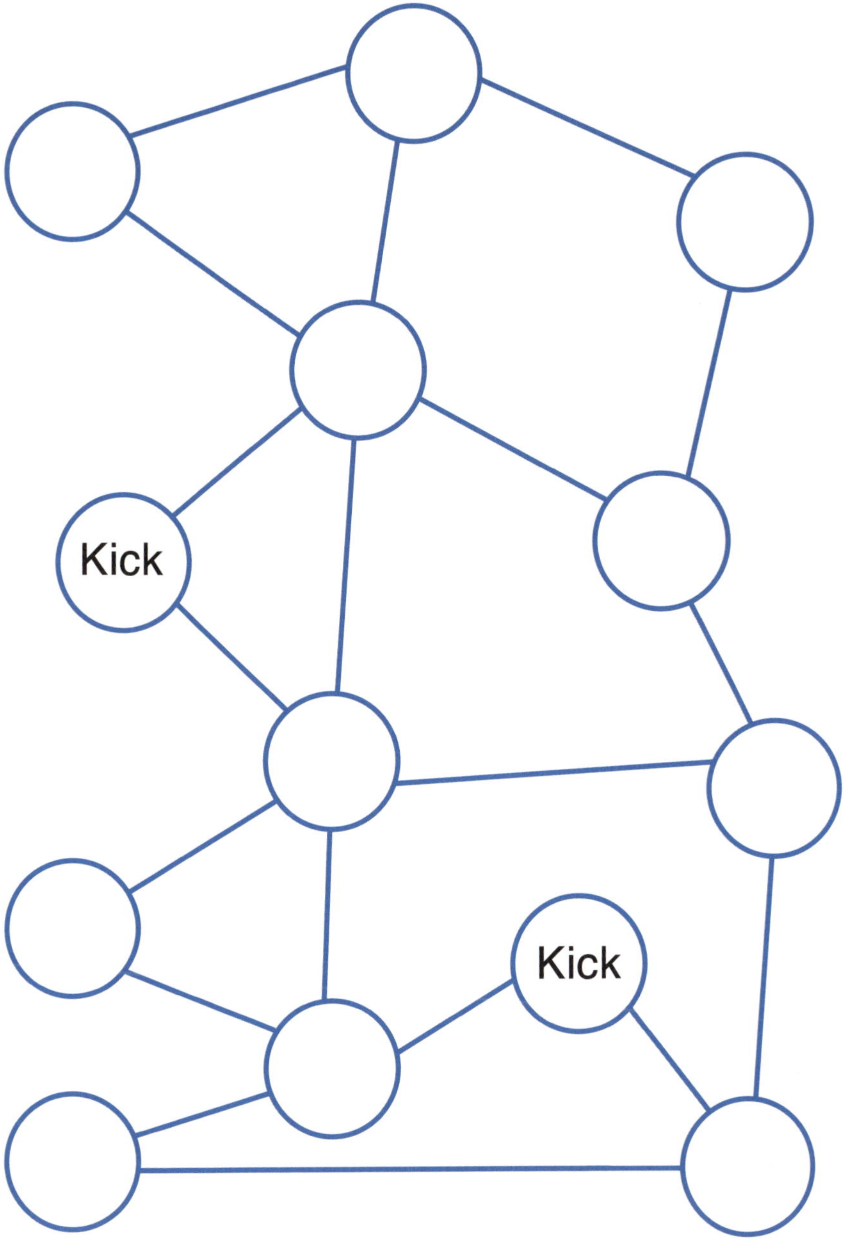
Kick
Kick

LESESTARTER

Lösungen

**Alle Rätsel gelöst?
Hier findest du die
richtigen Antworten.**

Seite 54 · Größenfrage

Thomas Müller ist **186** cm groß.

Seite 55 · Woll-Wirrwarr

Thomas' Freund heißt **Martin**.

Seite 57 · Falsche Wörter

Abseitsfalle
Linienrichter
Foul

Seite 49 · Zahlenschrift

Sieg
Latte
Rasen
Pfeife

Seite 50 · Hausaufgaben

China
erste
heute
Mannschaft
Spielern
1870

Seite 51 · Weltmeisterrätsel

Thomas Müller wurde am **13.7.2014** Weltmeister.

Seite 52–53 · Schulfrage

gelb —> G
yellow —> Y
Simon —> MN
Pass —> AS
Trainer —> I
Sturm —> UM

Thomas Müller ging auf ein **Gymnasium**.

MIX
Papier aus verantwortungsvollen Quellen
FSC www.fsc.org
FSC® C108521

Titelillustration und farbige Bilder von Jan Birck
Coverfoto und Foto der Autogrammkarte von
Ruppografie – Nadine Rupp Fotografie
Druck und Bindung: optimal media GmbH
Glienholzweg 7, 17207 Röbel / Müritz
Printed 2019
ISBN 978-3-7891-1039-9

www.oetinger.de